Sylvain Lys

Optimisation des interfaces e-commerce

Sylvain Lys

Optimisation des interfaces e-commerce

Comprenez les leviers et les outils à disposition pour accroître les performances commerciales des sites e-commerce

Éditions universitaires européennes

Impressum / Mentions légales

Bibliografische Information der Deutschen Nationalbibliothek: Die Deutsche Nationalbibliothek verzeichnet diese Publikation in der Deutschen Nationalbibliografie; detaillierte bibliografische Daten sind im Internet über http://dnb.d-nb.de abrufbar.
Alle in diesem Buch genannten Marken und Produktnamen unterliegen warenzeichen-, marken- oder patentrechtlichem Schutz bzw. sind Warenzeichen oder eingetragene Warenzeichen der jeweiligen Inhaber. Die Wiedergabe von Marken, Produktnamen, Gebrauchsnamen, Handelsnamen, Warenbezeichnungen u.s.w. in diesem Werk berechtigt auch ohne besondere Kennzeichnung nicht zu der Annahme, dass solche Namen im Sinne der Warenzeichen- und Markenschutzgesetzgebung als frei zu betrachten wären und daher von jedermann benutzt werden dürften.

Information bibliographique publiée par la Deutsche Nationalbibliothek: La Deutsche Nationalbibliothek inscrit cette publication à la Deutsche Nationalbibliografie; des données bibliographiques détaillées sont disponibles sur internet à l'adresse http://dnb.d-nb.de.
Toutes marques et noms de produits mentionnés dans ce livre demeurent sous la protection des marques, des marques déposées et des brevets, et sont des marques ou des marques déposées de leurs détenteurs respectifs. L'utilisation des marques, noms de produits, noms communs, noms commerciaux, descriptions de produits, etc, même sans qu'ils soient mentionnés de façon particulière dans ce livre ne signifie en aucune façon que ces noms peuvent être utilisés sans restriction à l'égard de la législation pour la protection des marques et des marques déposées et pourraient donc être utilisés par quiconque.

Coverbild / Photo de couverture: www.ingimage.com

Verlag / Editeur:
Éditions universitaires européennes
ist ein Imprint der / est une marque déposée de
OmniScriptum GmbH & Co. KG
Heinrich-Böcking-Str. 6-8, 66121 Saarbrücken, Deutschland / Allemagne
Email: info@editions-ue.com

Herstellung: siehe letzte Seite /
Impression: voir la dernière page
ISBN: 978-613-1-54064-6

Copyright / Droit d'auteur © 2014 OmniScriptum GmbH & Co. KG
Alle Rechte vorbehalten. / Tous droits réservés. Saarbrücken 2014

Remerciements

Je dédie ce mémoire à Olivier Sauvage qui me fait confiance depuis la création de son entreprise et le remercie de m'avoir embarqué dans cette belle aventure qu'est Wexperience.

Je tiens à exprimer ma profonde reconnaissance à Sophie Chauvin, mon tuteur universitaire, pour son aide précieuse dans la rédaction de ce mémoire. Ses conseils, ses commentaires et son exigence ont guidé et enrichi l'ensemble de ma réflexion.

Je remercie également tous les membres des sociétés Wexperience et Adspring qui m'accompagnent régulièrement dans la réalisation de mes missions et qui me font bénéficier de leur expérience dans leurs domaines respectifs.

Je remercie de tout mon cœur Kelly Taristas qui m'apporte son soutien depuis le début dans mes activités professionnelles et dans la rédaction de ce mémoire.

Enfin je tiens à remercier l'UFR IDIST qui m'a accueilli pendant ces trois dernières années et que je m'apprête à quitter pour rejoindre le monde de l'entreprise.

Sommaire

I - Introduction

Les gestionnaires de sites e-commerce mettent en place des stratégies de communication afin de vendre leurs produits ou solutions en rendant visible leur site sur le Web. Ces stratégies sont destinées à développer le « trafic » d'un site, c'est à dire sa fréquentation en termes de nombre de visiteurs. Cet apport de trafic implique des coûts que la réalisation des objectifs de l'interface e-commerce doit compenser. Afin d'augmenter la performance commerciale de l'interface e-commerce, les gestionnaires de ce type de plateforme s'emploient à réduire l'écart entre le nombre d'internautes visiteurs et le nombre de visiteurs qui convertissent des objectifs sur l'interface marchande, que ce soit souscrire, acheter ou remplir un formulaire. Cet écart est mesuré par le taux de transformation (Malo, Warren, 2009). La problématique majeure des gestionnaires de sites e-commerce est donc d'augmenter ce taux de transformation c'est-à-dire d'augmenter le nombre de visiteurs qui deviendront en fait des clients et attendront l'objectif qui leur était initialement prévu (inscription, paiement, ...). Sur quels éléments peuvent-ils agir ? Comment maximiser le nombre de visiteurs qui convertissent des objectifs sur l'interface e-commerce ?

Les gestionnaires ont différents leviers d'optimisation. Ils peuvent tout d'abord agir sur l'offre en modifiant le prix (promotions, ...), la qualité des produits, ou leur distribution (livraison en 24h, points relais, ...). Ils peuvent également améliorer leur politique de communication (image de marque, apport de trafic qualifié via le référencement, ...) ou la satisfaction de la clientèle (politique de retours, garantie, ...) afin de la fidéliser et donc d'entraîner des retours fréquents sur le site. La disponibilité du site e-commerce est également un levier. Comment réaliser un objectif sur le site si celui-ci est indisponible ? Si celui-ci n'est pas compatible avec le navigateur de l'utilisateur ? Toutefois les gestionnaires des sites e-commerce peuvent aussi agir sur l'interface elle-même. Notre problématique pose la question des possibilités d'optimisation des interfaces de sites e-commerce.

En premier lieu, l'interface doit permettre à ses utilisateurs de remplir leurs objectifs de navigation. Ces objectifs peuvent être nombreux et évoluer au cours de la navigation. Il peut s'agir par exemple d'une recherche d'information, d'une prise de contact ou encore d'une volonté d'achat. La complétion de ces objectifs dépend du degré d'utilisabilité de l'interface. Dans le cadre d'un site e-commerce, l'interface doit être utilisable pour les usagers potentiels, autrement dit la cible marketing du site. Il est alors nécessaire de les identifier, de comprendre leurs besoins ainsi que de déceler les obstacles qui pourraient subvenir lors de leur navigation. On appelle ces obstacles des défauts d'utilisabilité (Burkhardt, 2003). Comment les identifier ? De manière plus précise, nous cherchons à savoir quels peuvent être leurs impacts sur le taux de transformation. Quelle est l'importance de l'utilisabilité de l'interface lors du processus d'optimisation ?

En second lieu, l'interface en elle-même peut susciter l'intérêt et contribuer à la transformation des internautes visiteurs en internautes acheteurs. L'interface peut jouer de persuasion mais peut également, à l'instar d'une surface de vente physique, susciter l'envie et déclencher des achats d'impulsion. Nous parlerons ici de l'efficacité de l'interface.

Comment accroître cette efficacité ? Nous cherchons à mettre en évidence les éléments de l'interface sur lesquels peuvent agir les gestionnaires des sites e-commerce afin d'influencer l'achat. Par ailleurs, comment mesurer cette efficacité ? Quels sont les outils et méthodes permettant de déterminer l'efficacité d'une interface e-commerce ?

Après une mise en contexte de cette réflexion sur l'optimisation des interfaces e-commerce, nous nous interrogerons dans une deuxième partie sur la simplicité d'utilisation des interfaces dans la transformation des internautes visiteurs en internautes réalisant un objectif prévu initialement par les gestionnaires du site e-commerce. Dans notre troisième partie nous aborderons l'efficacité des interfaces e-commerce en indiquant comment la mesurer et sur quels éléments de l'interface repose cette efficacité.

II – Contexte

II.1 - La société Wexperience

La société Wexperience a été officiellement immatriculée au Registre du Commerce et des Sociétés le 26 avril 2010. Cette jeune société est une SARL au capital de 20000€ créée à l'initiative d'Olivier Sauvage, le gérant et détenant 51% des parts de la société. Wexperience fait partie de la holding Diginex dont les associés d'Olivier Sauvage, Alexis Lesaffre et Christophe Maillard, sont les fondateurs. Cette holding a été créée avec la volonté de soutenir des porteurs de projet dans le domaine du marketing digital. Olivier Sauvage, avec sa société Wexperience, est le premier à bénéficier de ce soutien. Actuellement, Diginex comprend les sociétés Wexperience et Adspring, agence proposant ses services de référencement et de gestion de campagnes e-marketing aux gestionnaires de sites Internet. Les deux sociétés ont leurs locaux côtes à côtes à Roubaix.

La société Wexperience bénéficie d'une force de prospection impressionnante grâce au réseau d'Olivier Sauvage. Celle-ci provient d'une part de son parcours professionnel et d'autre part de son blog. Avant de créer la société Wexperience, Olivier sauvage était responsable merchandising et chargé de développement du groupe 3 Suisses International. Il a ainsi travaillé à l'optimisation de l'ergonomie de sites marchands pour toutes les enseignes du groupe dont les plus connues sont 3 Suisses, COFIDIS, Monabanq, Becquet et La Blanche Porte. Ce poste a amené Olivier Sauvage à être en contact avec des dirigeants et cadres supérieurs de grandes sociétés disposant de sites marchands très développés. Désormais chef d'entreprise, ces derniers sont devenus des clients potentiels pour Olivier Sauvage qui s'assure de rester en contact au moyen de diners d'affaires.

Outre son poste de responsable merchandising pour le groupe 3 Suisses International, Olivier Sauvage tient un blog sur le e-commerce depuis juillet 2006. Peu à peu, son blog[1] est devenu une référence dans le monde du e-commerce et son pseudonyme, Capitaine Commerce, est très connu dans le milieu des e-commerçants. Au départ créé pour montrer ce qu'il était possible de faire avec la solution Open Source de conception de sites marchands OScommerce[2], le blog s'est transformé en blog collaboratif où conseils, découvertes et réflexions sur le e-commerce constituent la ligne éditoriale. Aujourd'hui le blog Capitaine Commerce reçoit 35000 visites par mois, 5095 internautes sont abonnés aux flux RSS et 5443 personnes sont abonnées au Twitter[3] associé. Le blog a donc une très grande visibilité et donne à Olivier Sauvage un statut d'expert dans le domaine de l'e-commerce. De ce fait la société Wexperience bénéficie de cette renommée et peut compter sur celle-ci pour accompagner son développement. A terme, Olivier Sauvage souhaite conférer une image d'expert en optimisation de sites e-commerce à la société weXperience. En attendant, cette dernière peut

---

[1] http://www.capitaine-commerce.com

[2] osCommerce est une solution Open Source de création de boutique en ligne multilingue, entièrement paramétrable et téléchargeable gratuitement sous licence GNU/GPL.

[3] Twitter est un service gratuit de microblogging. http://twitter.com/capitaine

compter sur l'activité du blog Capitaine Commerce dans sa politique de communication et par conséquent de prospection.

II.2 - Prestations

Lors du lancement de la société Wexperience, Olivier Sauvage a eu comme premier objectif de devenir une référence dans l'évaluation de site Internet au moyen des tests utilisateurs. Ces derniers consistent à réaliser des entretiens individuels durant lesquels un utilisateur doit réaliser des tâches sur un site Internet. Ces entretiens permettent de mettre en évidence les obstacles que peut rencontrer un utilisateur durant sa navigation sur un site Internet. Les tests utilisateurs permettent de détecter ces obstacles et de les référencer. La liste des obstacles à la navigation, que nous nommerons « défauts d'utilisabilité », est ensuite communiquée aux gestionnaires du site soumis aux tests utilisateurs. Cette liste est accompagnée de recommandations pragmatiques faîtes par l'expert afin de faciliter la correction des défauts d'utilisabilité pour les personnes en charge du développement du site. La prestation des tests utilisateurs est détaillée dans la partie III.3 - Mesurer l'utilisabilité.

La première année de son existence, la société a cherché à améliorer sa prestation pour fournir une analyse et un service de qualité, ceci afin de montrer son savoir-faire et accroître sa notoriété. Aujourd'hui encore, les tests utilisateurs sont le cœur de métier de la société Wexperience. Toutefois, la société développe des prestations annexes afin de couvrir l'ensemble des méthodes et pratiques permettant d'optimiser les interfaces.

Wexperience propose des audits ergonomiques et e-merchandising d'interfaces. Ces audits permettent de fournir un état des lieux précis de l'utilisabilité d'un site à ses gestionnaires. Sont également fournis des recommandations pour corriger les obstacles potentiels à la navigation des utilisateurs décelés pendant l'inspection de l'ergonome web[4]. Lors de ces études, Wexperience se fonde sur les théories gestaltistes[5], les heuristiques de Nielsen[6], la norme ISO 9241[7], les critères ergonomiques de Bastien et Scapin (1993), ainsi que sur l'expérience d'Olivier Sauvage dans le domaine de l'e-merchandising.

Les recommandations suite aux audits ergonomiques et/ou aux tests utilisateurs prennent parfois la forme de maquettes. Ce travail de maquettage a pour but d'expliquer clairement des axes d'optimisation au niveau de l'utilisabilité de l'interface. Wexperience propose donc ses services dans la conception ergonomique d'interface.

---

[4] L'ergonomie Web a pour objectif d'adapter un site Internet à ses visiteurs, de sorte que son utilisation soit ressentie comme facile, confortable et que ceux-ci aient envie d'y revenir (Boucher, 2007). L'ergonome Web cherche les conditions d'interfaces idéales de lisibilité et l'utilisation optimale d'un site Internet. Il définit l'architecture de l'information, les principes de navigation, de repérage et de structuration des pages, à partir de tests utilisateurs, entretiens individuels, ou autres méthodes adéquates.

[5] Les théories gestaltistes définissent les principes de la perception. Se référer à la partie III.2 - Affordance et sémantique.

[6] Nielsen définit 10 heuristiques à prendre en compte lors de la conception d'une interface afin d'obtenir au mieux une interface utile et utilisable (Nielsen, 2005).

[7] La norme ISO 9241 concernant la conception d'interfaces utilisateurs définit sept critères ergonomiques, sept principes pour les dialogues hommes-machines et sept principes pour la présentation des informations.

Wexperience assiste également les maîtres d'ouvrage[8] afin d'assurer ceux-ci que le travail des prestataires s'occupant de la réalisation graphique et technique d'une interface prendra en compte les utilisateurs finaux et qu'ainsi l'interface réalisée disposera d'une bonne utilisabilité.

Enfin, la société propose ses services dans l'optimisation de site. Wexperience met en place des solutions pour mesurer l'évolution de l'efficacité d'une interface lors de changements apportés à celle-ci. Il s'agit de la mise en œuvre de tests A/B et multivariés. Ces tests permettent de répartir une partie du trafic d'internautes visitant un site sur différentes versions des pages de ce site. Le but ici est de faire varier un ou plusieurs éléments sur une page web et mesurer la combinaison la plus efficace. Avant de commencer le test, des indicateurs de réussites sont définis. La combinaison retenue à la fin du test est celle qui aura amélioré le plus ces indicateurs. Ces solutions d'optimisations sont détaillées dans la partie IV.3 - Mesurer l'efficacité.

---

[8] Le maître d'ouvrage est le commanditaire d'un projet. Il fait appel au maître d'œuvre pour réaliser son projet.

II.3 - 15 mois de collaboration

Depuis maintenant plus d'un an, j'évolue au sein de la société Wexperience. Mon entrée dans l'entreprise s'est faîte au moment de sa création à l'occasion du stage finalisant ma première année du Master Sciences de l'Information et du Document (SID) de l'U.F.R. IDIST à l'Université Lille III. J'y ai découvert le domaine du e-commerce et les fondements de l'ergonomie Web à destination des sites marchands. Cette expérience fut tellement enrichissante qu'elle m'a incité à continuer d'évoluer dans ce secteur d'activité et qu'elle m'a amené à faire ma deuxième année de Master SID en contrat de professionnalisation au sein de cette même société.

Depuis le 13 septembre, date du début de mon contrat de professionnalisation, j'assiste Olivier Sauvage dans l'évaluation et la conception ergonomique et e-merchandising de sites e-commerce. Etant le seul salarié de Wexperience jusqu'à janvier 2011, j'ai eu la chance de participer à l'ensemble des prestations de la société Wexperience.

Ma première mission fut d'assister Olivier Sauvage dans la conduite et l'analyse de tests utilisateur. Lors des premiers tests, mes tâches consistaient à préparer l'ensemble des documents et du matériel pour les entretiens, et prendre des notes en vue de l'analyse de ces derniers. Aujourd'hui, je conduis les entretiens et effectue les analyses, que je présente ensuite à Olivier Sauvage. A l'heure actuelle Olivier Sauvage mène entièrement les restitutions aux clients mais je serai amené à présenter les conclusions des tests utilisateurs dans un futur proche.

Ma deuxième mission consiste à réaliser des inspections ergonomiques et e-merchandising de sites Internet. Ces inspections consistent à parcourir un site Internet dans sa totalité et détecter des défauts d'utilisabilité. Ces défauts sont recensés dans un document texte avec des captures d'écran annotés. Par ailleurs des recommandations précises et pragmatiques sont associées aux défauts afin de faciliter leur correction.

Ma troisième mission consiste à concevoir et réaliser des maquettes d'interfaces web. Ces maquettes peuvent prendre la forme de zoning[9] et de wireframe[10] (voir Figure 1). Elles permettent de définir l'emplacement et le comportement des fonctionnalités du site. L'ensemble des interactions de l'interface avec l'utilisateur y sont décrit dans un document de spécifications. Selon les projets, cet ensemble de spécifications peut être amené à évoluer en charte ergonomique. Ce document de référence est destiné aux concepteurs d'interface et aux développeurs. Elle définit les règles d'ergonomie à respecter lors de la conception d'une application interactive (web ou logiciel) en termes de graphisme et de comportement de l'interface utilisateur.

Ma quatrième mission est la gestion des projets de tests A/B et multivariés. Cela consiste à définir les conditions, les objectifs et les

---

[9] Le zoning est une technique consistant à schématiser une page Web à l'aide de blocs ou boîtes, dans le but de montrer les grandes fonctionnalités et les zones principales du contenu. Cette étape est cruciale, puisqu'elle permet de décider de l'organisation générale des pages. Ce travail de zoning débouche sur la rédaction d'un livrable qui servira de support de discussion avec le client, et permettra d'apporter les corrections avant validation finale. (Fagot, 2010)

[10] Le wireframe s'appuie sur le zoning réalisé auparavant, et permet d'indiquer le contenu présent dans chaque bloc de la page Web et de structurer l'interface. Aucun élément esthétique n'est présent sur cette étape de wireframing, son objectif étant avant tout fonctionnel. (Fagot, 2010)

indicateurs de succès des tests, autrement dit ce qui indiquera quelle combinaison d'éléments est la plus efficace. Cela consiste également à intégrer les modifications que l'on souhaite apporter à l'interface à l'aide du langage de programmation jQuery, du langage de structuration HTML, et du langage de mise en forme CSS. Wexperience utilise la solution de test Visual Website Optimizer qui permet d'intégrer des modifications sur des pages web sans toucher au code source de celle-ci. Cette solution permet d'utiliser les langages jQuery, HTML et CSS. Enfin cette mission consiste également à analyser les résultats des tests et à les présenter aux commanditaires.

Depuis Janvier 2011, Marie Pourcher, chef de projet ergonome diplômé en sciences cognitives, a intégré la société Wexperience. Nous partageons l'ensemble de ces missions. Toutefois Olivier Sauvage répartit peu à peu les projets en deux pôles : le pôle audit/tests utilisateurs et le pôle conception/optimisation d'interface. Marie Pourcher a en charge les projets du premier pôle et moi du second. Mes futurs missions seront donc plus recentrées sur le maquettage de site et les projets de tests A/B ou multivariés.

Par ailleurs, j'ai pour mission d'assurer la maintenance et le développement du site wexperience.fr, site vitrine de la société. Je me charge également de faire de l'intégration de site pour les sociétés du groupe Diginex.

Enfin, Olivier Sauvage demande à son équipe d'écrire un article une fois par mois pour alimenter toutes les semaines le blog de la société[11]. Ces

---

[11] http://www.wexperience.fr/blog

articles abordent les thèmes de l'ergonomie, de la conception d'interface, du e-commerce, de l'e-merchandising et de l'expérience utilisateur.

En parallèle de ces missions, je suis chargé de faire de la veille documentaire sur l'optimisation des interfaces e-commerce. Ce mémoire est ainsi l'occasion de faire l'état des lieux de mes connaissances sur ces questions.

Fiche produit

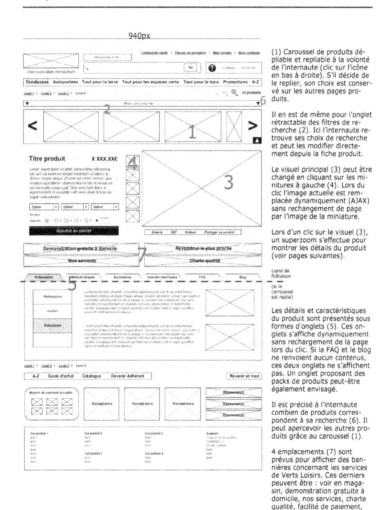

(1) Carroussel de produits dépliable et repliable à la volonté de l'internaute (clic sur l'icône en bas à droite). S'il décide de le replier, son choix est conservé sur les autres pages produits.

Il en est de même pour l'onglet rétractable des filtres de recherche (2). Ici l'internaute retrouve ses choix de recherche et peut les modifier directement depuis la fiche produit.

Le visuel principal (3) peut être changé en cliquant sur les miniatures à gauche (4). Lors du clic l'image actuelle est remplacée dynamiquement (AJAX) sans rechangement de page par l'image de la miniature.

Lors d'un clic sur le visuel (3), un superzoom s'effectue pour montrer les détails du produit (voir pages suivantes).

Ligne de flottaison

(si le carroussel est replié)

Les détails et caractéristiques du produit sont présentés sous formes d'onglets (5). Ces onglets s'affiche dynamiquement sans rechargement de la page lors du clic. Si la FAQ et le blog ne renvoient aucun contenus, ces deux onglets ne s'affichent pas. Un onglet proposant des packs de produits peut-être également envisagé.

Il est précisé à l'internaute combien de produits correspondent à sa recherche (6). Il peut apercevoir les autres produits grâce au carroussel (1).

4 emplacements (7) sont prévus pour afficher des bannières concernant les services de Verts Loisirs. Ces derniers peuvent être : voir en magasin, demonstration gratuite à domicile, nos services, charte qualité, facilité de paiement, etc.

Figure 1 : wireframe réalisé pour la refonte du site verts-loisirs.fr

III - Utilisabilité des interfaces

L'utilisabilité est définie par la norme ISO 9241 comme « le degré selon lequel un produit peut être utilisé, par des utilisateurs identifiés, pour atteindre des buts définis avec efficacité, efficience et satisfaction, dans un contexte d'utilisation spécifié ». Optimiser l'utilisabilité d'un site revient à faciliter la navigation des utilisateurs et donc la concrétisation de leurs objectifs de navigation. Dans le cadre d'un site marchand, le lien entre utilisabilité de l'interface et son efficience communicationnelle et commerciale relève d'une réalité tangible (Ladwein, 2000). Comment donc améliorer l'utilisabilité d'une interface ? Comment détecter les défauts d'utilisabilité impactant le taux de transformation ?

III.1 - *Organisation structurelle*

L'interface doit proposer un degré d'utilisabilité suffisant pour permettre à l'utilisateur de satisfaire ses objectifs d'usages. A ce titre, les contenus de l'interface doivent être accessibles et organisés afin que l'utilisateur puisse se repérer dans l'architecture informationnelle (Rosenfeld, Morville, 1998).

Le terme architecture de l'information a été employé pour la première fois par l'architecte américain Richard Saul Wurman en 1976 pour répondre à « l'explosion des données créées », selon ses termes. En 1996, alors que le terme n'est plus employé, il émerge à nouveau à travers les travaux de Louis Rosenfeld et de Peter Morville, qui se l'approprient pour l'appliquer au processus de conception de sites web. Dans l'ouvrage de référence sur le sujet « Information Architecture for the World Wide Web » (1998), les auteurs désignent l'architecture de l'information comme :

1. La combinaison de l'organisation, de l'indexation et des schémas de navigation dans un système d'information ;

2. Le design structurel de l'espace d'information pour faciliter la réalisation des tâches et l'accès intuitif au contenu ;

3. L'art et la science de structurer et classifier les sites internet et les intranets afin d'aider les personnes à trouver et gérer l'information.

En fonction du projet et du contexte, l'architecture de l'information est prise en charge par différents intitulés de métier tels que le chef de projet, l'architecte de l'information, l'ergonome web ou le designer. La société Wexperience propose des prestations de conception ergonomique. Plusieurs projets ont demandé de s'intéresser particulièrement à l'architecture informationnelle de sites e-commerce. Nous vous proposons ici de détailler notre expérience à travers les trois points de la définition de Rosenfeld et Morville ci-dessus.

La combinaison de l'organisation, de l'indexation et des schémas de navigation dans un système d'information

La conception de l'architecture d'une interface demande en premier lieu de recenser les contenus de celle-ci. Ces contenus peuvent être existant, comme dans le cas d'une refonte, ou à créer en fonction des besoins des utilisateurs et des exigences marketing.

Dans le cadre d'un appel d'offre pour la refonte du site eveiletjeux.com[12], Wexperience a entrepris de refondre l'architecture informationnelle du site en interrogeant les utilisateurs finaux de l'interface. Pour cela, nous avons recourus à la méthode du tri de cartes. Cette méthode consiste à réunir des participants experts ou utilisateurs d'un site dans le but de classifier des termes. Individuellement, ils doivent identifier les termes, concepts, mots-clés, etc. liés à l'interface. Ces derniers sont ensuite retranscrits sur des cartes ou des post-it pour être triés puis classifiés. Lors de ce projet, les termes utilisés pour la navigation principale de l'offre produit ont été retranscrits sur des post-it et présentés aux utilisateurs (correspondant à la cible marketing du site marchand). Il leur a d'abord été demandé d'expliquer la signification des termes, et dans le cas où un terme n'était pas clair, de proposer des suggestions sémantiques pour le remplacer. Ensuite il leur a été demandé de d'organiser l'ensemble des post-it selon leur propre logique. Une fois l'ensemble des participants interrogés, les données ont été intégrées à un logiciel statistique dédié à l'analyse de tris de cartes. Le traitement statistique des résultats cumulés de tous les participants a permis de déterminer la meilleure organisation possible de l'offre produit du site.

---

[12] Eveiletjeux.com est la boutique en ligne de la société Oxybul éveil et jeux. L'offre produit est constituée de jeux, de jouets et d'articles de puériculture.

Figure 2 : méthode du tri de carte. Ici un utilisateur a regroupé les catégories de produit d'un site e-commerce en six ensembles.

Le recours aux utilisateurs finaux pour la catégorisation de contenus permet d'adapter les contenus du site e-commerce à la logique de ses utilisateurs. Le choix des catégories thématiques ainsi que leurs sémantiques doivent être opérés avec soin afin qu'ils soient adaptés à l'organisation cognitive des utilisateurs (Ladwein, 2001). En évitant les termes obscurs et en groupant thématiquement l'information, il apparaît probable que leur navigation en sera facilitée. Toutefois la nouvelle navigation proposée pour eveiletjeux.com n'a pas encore été mise en place et nous ne pouvons pas certifier une nette amélioration.

La méthode du tri de carte n'est pas la seule manière de concevoir l'architecture informationnelle d'un site mais selon les prestataires en ergonomie, il s'agit de la méthode la plus efficace car elle prend en compte la manière de raisonner des utilisateurs qui seront amenés à utiliser l'interface. Pour un autre projet, la refonte du site morgandetoi.com, nous avons conservé l'arborescence de l'offre produit mais avons inclus deux nouvelles entrées pour parcourir l'offre produit. Ceci afin de proposer une navigation alternative en mettant en scène et en proposant des associations d'articles. Ces entrées, le lookbook (combinaison d'article sur un mannequin) et le magazine (contenus éditoriaux associés à des photographies où sont mis en scène les articles), ont dû être intégré dans l'arborescence du site en tenant compte de l'organisation des collections imposée par le service marketing de la marque. Nous avons du également concevoir des schémas de navigation permettant aux utilisateurs de naviguer transversalement entre les trois entrées (catalogue produit, lookbook et magazine), ceci afin de ne pas induire de rupture dans la navigation et éviter les culs-de-sac[13] (Nantel, Berrada, Bressolles, 2004). Ces derniers représentent du temps « perdu » qui engendre une frustration chez l'utilisateur et qui peut causer un abandon du site.

---

[13] Les culs-de-sac représentent les moments où l'utilisateur se perd dans sa navigation et retourne à son point de départ tout en exprimant sa frustration (Nantel, Berrada, Bressolles, 2004)

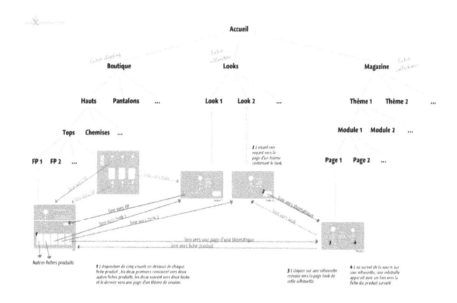

Figure 3 : schématisation de l'arborescence des pages et des interactions entre elles.

A travers ces deux projets, nous avons pu nous apercevoir que la catégorisation et la structuration des contenus ainsi que les schémas de navigation impliquent de prendre en compte à la fois les aspects marketing, l'identité de marque, la sémantique et les profils utilisateurs.

Le design structurel de l'espace d'information pour faciliter la réalisation des tâches et l'accès intuitif au contenu

Lors d'une interview pour le Journal du Net (Le Tac, 2009) au sujet du métier d'ergonome Web, Laure Sauvage, consultante ergonome pour la société Benchmark Group, a déclaré :

« Pour simplifier son environnement et réduire les traitements cognitifs nécessaires à la compréhension d'une interface, les internautes ont spontanément tendance à regrouper les différents éléments qui y sont proposés pour leur attribuer le même sens ou la même fonction. Ces regroupements sont opérés sur la base de leur similitude graphique et de leur proximité relative. Ainsi, on simplifiera la navigation en facilitant ce travail de regroupement et en évitant les erreurs d'interprétations aux internautes. »

La littérature en psychologie montre que la perception visuelle s'effectue par l'application de principes d'organisation dont ceux qui ont été mis en évidence par la théorie Gestaltiste (Koffka, 1935). Dans cette citation, Laure Sauvage fait référence aux théories gestaltistes. Nous aborderons plus en détails l'organisation visuelle de l'espace d'information dans la partie III.2 - Affordance et sémantique.

Jakob Nielsen, expert et pionnier dans le domaine de l'ergonomie informatique et de l'utilisabilité des sites Web, met aussi en évidence la capitalisation sur l'apprentissage des utilisateurs sur d'autres sites. Les utilisateurs utilisent les connaissances acquises lors de leurs expériences de navigation afin de faciliter leur navigation sur le web. Dans l'article « The need for web design standards » (Nielsen, 2004), Nielsen nous fait remarquer que des standards de présentation se sont développés et sont aujourd'hui une réalité (logo en haut à gauche, panier d'achat en haut à droite...). Idem pour les schémas de navigation tels que les processus d'inscription ou la gestion d'un panier d'achat. Capitaliser sur cette culture peut se révéler un atout important pour un site e-commerce. En respectant les standards du web, le site présente aux utilisateurs un design intuitif qui correspond à leurs habitudes d'utilisation. Le site devrait alors gagner en efficacité : tout le temps gagné à naviguer facilement est alors utilisé à « consommer de l'information[14] ».

Lors d'une séance de tests utilisateurs (prestation détaillée dans la partie III.3 - Mesurer l'utilisabilité) pour un site proposant des articles de téléphonie, nous avons pu remarquer que se démarquer des conventions peut être source de confusions. Le site officeeasy.fr proposait un tunnel de commande en une page (Figure 4). Une solution qui a pour but de simplifier l'acte d'achat pour l'utilisateur et limiter les occasions de sorties. La page est divisée en différentes étapes chacune dans un encart particulier, numérotées et possédant un titre clair et concis. Cependant les utilisateurs ont rencontré des obstacles lors de leur navigation sur la page. En premier lieu, une surcharge d'information qui semble les rebuter davantage qu'un tunnel de commande classique. En second lieu un manque de guidage sur la page qui est mis en évidence par un parcours oculaire[15]. Les utilisateurs n'ont pas pris en compte la numérotation et les titres des encarts qui auraient pu les guider. Les utilisateurs ayant validé sans remplir la moitié des informations, la page se retrouve remplie de messages d'erreur. Cette page s'est avérée être rédhibitoire et source d'annulation du processus d'achat.

---

[14] L'utilisateur, une fois libéré des obstacles de navigation peut se consacrer entièrement à ses objectifs d'usage.

[15] Accessible à l'adresse suivante : http://youtu.be/0BYat0AsHic

Dans le cas d'un site e-commerce, il apparaît dangereux de s'éloigner des conventions de conception web. En effet, le non respect de ces conventions entraîne un effort d'apprentissage pour l'utilisateur. Si le coût cognitif de cet effort est trop grand, l'internaute pourra préférer une interface concurrente où ses habitudes d'utilisation sont conservées.

Figure 4 : tunnel de commande en une page du site officeeasy.fr

L'art et la science de structurer et classifier les sites internet et les intranets afin d'aider les personnes à trouver et gérer l'information.

Pour réaliser un acte d'achat, un remplissage de formulaire, une prise de contact ou autre objectif de navigation, les utilisateurs doivent naviguer de contenus en contenus (répartis en une ou plusieurs pages web). L'information doit alors être habilement répartie pour être dispenser au moment opportun afin d'aider l'utilisateur à compléter ses objectifs (coïncidant ou non avec les objectifs de l'interface).

Dans son article sur la conception de l'expérience utilisateur (Morville, 2004), Peter Morville met en évidence la notion de « repérabilité ». La repérabilité ou trouvabilité (traduction du terme anglais findability) est la capacité du contenu à être repéré dans un site web. Elle peut être externe, désignant par ce fait la capacité à repérer le site web ou ses contenus par l'intermédiaire des moteurs de recherche tels que Google, Yahoo ou Bing, ou interne qui indique que le contenu recherché par l'utilisateur doit être repérable sur le site web.

La repérabilité interne (Morville, 2004) est tributaire de la structuration de l'espace d'information, évoqué dans le deuxième point de la définition de l'architecture informationnelle, et de l'affordance des contenus (se référer à la partie III.2 - Affordance et sémantique). Des études en ergonomie des interfaces de type web ont montré par exemple que les internautes privilégient un mode de parcours en colonnes plutôt qu'un mode de parcours en lignes (Spérandio et Bouju, 1983, Colombi et Baccino, 2003). Le parcours en colonnes est celui qui demande le moins d'efforts cognitifs puisqu'une seule fixation permet de saisir jusqu'à quatre mots de 6 lettres sur la verticale contre deux mots sur l'horizontale (Ojanpää, Näsänen et Kojo, 2002).

III.2 - *Affordance et sémantique*

L'ergonomie des sites web concerne l'utilisabilité et la mise en forme des informations, mais aussi les aspects liés au contenu dans la mesure où il s'agit aussi de faciliter la détection d'informations recherchées (Léger, Tijus, Baccino, 2005). Il convient alors de s'interroger sur l'importance de la structure de l'espace d'information et la sémantique sur le taux de transformation des sites e-commerces. Comment l'organisation visuelle et sémantique de l'information influence t'elle la navigation des utilisateurs de l'interface lors de la consultation de contenus sur des sites web ?

Parmi plusieurs actions possibles, lorsque celle qui doit être faîte est « perçue » directement et immédiatement, on parle d'affordance, c'est-à-dire d'une possibilité d'action sans prise de décision (Léger, Tijus, Baccino, 2005). Le terme d'affordance développé et décrit par Gibson (1979) prend ses racines dans la théorie Gestaltiste. Il renvoie plus généralement à la façon dont les propriétés perceptives des objets nous indiquent comment les utiliser, c'est-à-dire aux propriétés fonctionnelles (à quoi ça sert ?), mais également aux propriétés procédurales (comment on s'en sert ?).

L'affordance d'un terme implique de prendre en compte sa valeur sémantique mais également ses propriétés perceptives pouvant aider à la compréhension de ce terme. En effet la typographie, la taille, la couleur, le soulignement, la graisse, l'italique sont des effets esthétiques qui peuvent indiquer la nature des objets. Par exemple, sur le web il est communément admis qu'un terme souligné et de couleur bleue est un lien hypertexte. Toutefois, le web abrite une multitude d'interfaces qui ne partagent pas obligatoirement les mêmes termes et la même mise en forme. Nous pouvons nous demander comment l'utilisateur fait pour se repérer dans cette diversité. Si l'utilisateur éprouve des difficultés à identifier les liens, il risque de développer une « navigation inopérante et frustrante (Ladwein, 2001). Est-ce que cette diversité implique un effort d'apprentissage plus conséquent pour l'utilisateur découvrant l'interface ? Ce coût cognitif a-t-il un effet sur le taux de transformation des sites e-commerce ?

Léger, Tijus et Baccino se sont interrogés (2005) sur les organisations visuelles et sémantiques qui facilitent la détection d'un mot parmi d'autres. Leur étude a montré « qu'il est possible de prédire le type d'exploration oculaire et les performances de recherche d'un mot cible en considérant des principes d'organisation et de parcours de l'information visuelle : le principe de bonne forme, le principe de proximité qui permet d'identifier les différentes zones de l'affichage et le principe de continuité qui permet le passage d'une zone à l'autre. [Le parcours d'exploration oculaire de la scène visuelle est dirigé] par la structure et par les principes gestaltistes qui la caractérisent. »

Revenons brièvement sur les principales lois de la Gestalt.

1. La loi de la bonne forme, dont les autres lois découlent, nous indique qu'un ensemble de parties informe tend à être perçu automatiquement comme une forme. Cette forme se veut simple, symétrique, stable, ce que les gestaltistes appellent une « bonne forme ». Le triangle de Kanizsa (figure 5) décrit parfaitement cette loi. Cette illustration est composée de six éléments graphiques

mais notre esprit compose automatiquement les contours d'un triangle blanc.

2. La loi de proximité permet au cerveau de regrouper des éléments qui vont ensemble, proche dans une scène perceptive. La figure 6 illustre la loi de proximité qui nous permet d'identifier trois colonnes plutôt que six colonnes ou encore trente-six cercles.

3. La loi de continuité permet de distinguer un trait coupé comme ne l'étant pas. Ainsi avons nous l'impression d'un carré continu en regardant la Figure 7.

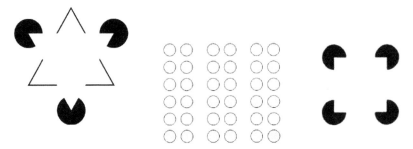

figure 5 : la loi de bonne forme, le triangle de Kanizca   **figure 6 : la loi de proximité**   **Figure 7 : la loi de continuité**

Lors de prestations d'audits d'interfaces, nous avons pu rencontrer des exemples de non-application de ces lois pouvant être source de confusion. Le site du conseil général du Nord[16] dispense deux contenus

---

[16] http://www.cg59.fr

différents dans la colonne de droite : l'encart « le saviez-vous ? » et une actualité (Figure 8). La proximité des deux éléments conduit à en faire l'association. L'utilisateur peut donc envisager à tort que l'image actualité est une illustration de l'encart « le saviez-vous ? ». L'exploration de la scène visuelle, la prise d'information, et les performances de détection sont influencées par la structure organisationnelle (Léger, Tijus et Baccino, 2005).

Figure 8 : non respect de la loi de proximité

Ces lois de perceptions visuelles sont reprises dans les critères ergonomiques de Bastien et Scapin (1993), notamment dans le critère du « guidage » et plus précisément dans le critère « Groupement / distinction entre items ». Ce dernier critère est scindé en deux pour mettre en évidence que ce groupement ou distinction peut être l'œuvre de la localisation ou du format des items. La création de groupes d'information demande de revenir sur des problèmes d'architecture d'information.

Lors de prestation de conception web, Wexperience réalise des maquettes prenant la forme de zoning et de wireframe. Ces livrables sont réalisé en prenant en compte les lois gestaltistes et les critères ergonomiques de Bastien et Scapin. Pour la refonte de la page d'accueil du site eveiletjeux.com par exemple, nous avons conçu, pour une des propositions, un menu reprenant l'arborescence résultant du tri de carte évoqué précédemment (Figure 9). L'entrée par âge est distinguée des autres rubriques du site par sa mise en forme. De plus trois rubriques (Déco, Anniversaire, Promos) sont séparés du reste des rubriques pour signifier qu'elles ne sont pas rattaché à l'un des trois univers de l'offre produit (jeux/jouets, l'atelier des savoirs, tout pour bébé). Nous retrouvons ici la loi de proximité et le critère ergonomique « groupement / distinction entre items ».

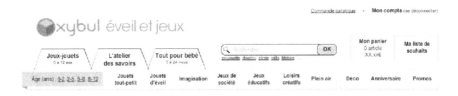

Figure 9 : extrait du wireframe pour la refonte de la page d'accueil du site eveiletjeux.com

Les expériences de Léger, Tijus et Baccino (2005) sur la discrimination visuelle et sémantique indiquent que « la recherche [d'information] est optimale si les principes d'organisation visuelle décrits notamment par la théorie gestaltiste sont respectées ». Elles ont également montrées qu'il fallait éviter une trop grande hétérogénéité perceptive : trop de groupes perceptifs perturbent la recherche. Nous avons également pu vérifier ce résultat lors d'un test A/B (méthode détaillée dans la partie IV.3 - Mesurer l'efficacité) pour le site morgandetoi.com. En effet lors d'un audit ergonomique sur les pages de type « fiche produit » du site e-commerce, nous avons relevé des éléments de l'interface pouvant entraver les performances commerciales de ces pages. Les recommandations mis en application lors du test A/B concernaient la modification de boutons d'action autre que le bouton d'ajout au panier en liens hypertextes, le changement de casse des intitulés produits (lettres capitales en miniatures) et l'utilisation de la couleur rouge limitée au bouton d'ajout au panier et au prix (cf. Annexe 1). Ces changements destinés à faciliter la compréhension de la page et une identification plus rapide des éléments d'action se sont avérés bénéfiques. En effet, ces modifications ont entraîné une augmentation du taux d'ajout au panier de 12%, du taux de transformation de 2% ainsi qu'une augmentation du taux de clics sur les éléments circulatoires (menu et cross-selling).

III.3 - *Mesurer l'utilisabilité*

L'optimisation de l'utilisabilité des interfaces e-commerce demande de détecter les défauts d'utilisabilité qui peuvent constituer des obstacles à la complétion des objectifs sur le site marchand. Wexperience mesure l'utilisabilité des interfaces en recensant les défauts et en leur attribuant un degré de sévérité dépendant de leur fréquence d'apparition, leur caractère rédhibitoire et leur localisation dans le tunnel de conversion[17]. Ce degré de sévérité correspond à l'échelle de Rubin (1994) que Wexperience utilise lors des audits ergonomiques et les tests utilisateurs :

1. suggestion
2. a un effet relativement mineur sur la performance de l'utilisateur lors de l'accomplissement de la tâche
3. cause une frustration chez l'utilisateur ou un délai de réalisation de la tâche significatif
4. empêche l'utilisateur d'accomplir une action

Lors des audits ergonomiques, l'ergonome web décèle les défauts d'utilisabilité qui pourraient avoir un impact négatif sur la recherche d'information. Il s'appuie sur ses connaissances en structuration de l'information, en sciences cognitives, en ergonomie, ainsi que sur son expérience.

---

[17] Les e-commerçants appellent le tunnel de conversion les étapes que doit franchir l'utilisateur afin de satisfaire les objectifs de satisfaction qui lui sont prévus.

Pour optimiser son raisonnement, et donc ne pas rester dans une interprétation théorique ou sommaire de l'interface, l'ergonome peut faire le choix d'associer l'utilisateur à son analyse lors de séances de tests utilisateurs. Les tests utilisateurs ont pour objectif d'identifier les défauts d'utilisabilité du site marchand réellement bloquant et pouvant, après leur résolution, apporter une amélioration significative de l'utilisabilité de l'interface. Ils peuvent également permettre de mettre en évidence des défauts d'utilisabilité que l'ergonome n'aurait pas pu détecter en raison d'habitudes de navigation particulières de la part des utilisateurs réels du site.

La méthodologie des tests utilisateurs consiste à recréer la situation du réel à travers un dispositif scientifique permettant de récolter un maximum d'informations sur l'état d'utilisabilité du site. Durant un entretien individuel de 45 minutes, on demande à un panel représentatif du public du site d'accomplir des tâches courantes sur le site e-commerce selon un plan de test élaboré en adéquation avec les objectifs des gestionnaires du site. Pendant ces entretiens, toutes les informations de navigation sont enregistrées (parcours, clics, entrées au clavier, voix, visage, regard) afin de permettre une analyse fine du comportement des testeurs et de leurs réactions face à l'interface. Le dispositif de test peut être enrichi d'un écran de eye-tracking[18] permettant de capturer le regard de l'utilisateur naviguant sur le site e-commerce.

---

[18] L'eye-tracking, oculométrie en français, permet d'enregistrer les mouvements oculaires. Wexperience utilise cette technologie lors des séances de tests utilisateurs.

Figure 10 : dispositif de Wexperience pour la conduite de tests utilisateurs

La personne en charge de réaliser l'entretien avec le testeur est appelé « facilitateur ». Il conduit le test et doit mettre à l'aise le testeur afin que sa navigation soit la plus proche de celle que le testeur aurait eu seul devant son ordinateur personnel à domicile. Le facilitateur ne doit pas influencer la navigation du testeur qui réalise une tâche sur un site Internet. Par exemple si l'étape suivante de la tâche est de commander les produits mis dans un panier d'achat, le facilitateur doit faire attention à ne pas reprendre les mots utilisés par l'interface pour effectuer cette action. Si le bouton d'action est intitulé « commander », le facilitateur ne doit pas utiliser ce terme ou des variations de ce terme pour indiquer au testeur ce qu'il doit faire. Il peut par exemple dire « nous allons faire comme si vous vouliez avoir ces produit chez vous ». Il arrive que le testeur cherche à interagir avec le facilitateur. Lorsque cela se présente, le facilitateur doit rester évasif dans sa réponse et chercher à mettre en évidence les interrogations du testeur. Par exemple si le testeur rencontre un obstacle dans sa navigation et demande « c'est normal ça ? », le facilitateur peut répondre « si vous étiez chez vous, que feriez-vous à cet instant ? ».

La société Wexperience possède une salle d'observation. Les observateurs (membres de Wexperience et/ou commanditaires du test) voient en temps réel la navigation du testeur et le parcours de son regard. Le visage du testeur est également présent sur l'écran afin d'observer ce qui relève de la communication non-verbale. Le son de la salle de test est retransmis dans la salle d'observation. Cette observation en temps réel des tests permet aux commanditaires du test de rencontrer leurs utilisateurs et prendre conscience de leurs usages du site Internet testé. C'est également l'occasion pour eux de demander au facilitateur de poser des questions subsidiaires en fin de test. La demande des commanditaires est transmise au moyen d'un dispositif de chat entre le facilitateur et un membre de Wexperience présent dans la salle d'observation. De cette manière, les personnes assistant aux tests (direction marketing, directeurs artistiques, développeurs, ...) peuvent recueillir des avis utilisateurs concernant l'offre produit, l'image de la marque, l'esthétique du site, etc. Ce service annexe est très apprécié des commanditaires du test et constitue un argument de poids dans la conduite de tests utilisateurs ultérieurs.

Après les entretiens, l'ergonome analyse les données de l'enregistrement afin de déceler les défauts d'utilisabilité et fournir ses recommandations pour la résolution de ces défauts. Pour ce faire, il passe en revue l'ensemble des enregistrements et recense les défauts d'utilisabilité détectés en renseignant la localisation du défaut dans le site (ex : panier), le type de défaut (indication d'un critère ergonomique de Bastien et Scapin, 1993), la description du défaut, la recommandation associée, ainsi que les codes temporels (time code) des extraits vidéos mettant en évidence le défaut. A chaque défaut est associé une note de sévérité correspondant à l'échelle de Rubin décrite plus haut ainsi qu'une note de fréquence. Cette note de fréquence est calculée en fonction du nombre de testeur qui ont décelé le défaut. L'addition de la note de sévérité et de la note de fréquence donne une note totale entre un et huit, un étant une simple suggestion d'amélioration de la part d'un utilisateur et huit un défaut à corriger urgemment.

Ces notes sont également pondérées en fonction de la localisation du défaut. En effet Olivier Sauvage part du principe que plus le défaut est proche de la page confirmant que l'objectif de l'interface est atteint, plus ce défaut impacte le taux de transformation. Par exemple, sur un site e-commerce, la page indiquant que l'objectif de l'interface est atteint est la page de confirmation de commande. Par conséquent, un défaut décelé sur la page demandant de choisir son mode de livraison est considéré plus grave qu'un défaut avec la même note sur la page d'accueil du site. En partant de ce principe, Wexperience établit une feuille de route pour les développeurs en triant les défauts par ordre d'urgence de correction. Il est courant dans les entreprises e-commerce que les développeurs soient débordés. Nous indiquons donc clairement l'ordre de correction des obstacles à la navigation afin d'augmenter le plus rapidement possible l'expérience utilisateur sur le site.

Pour chaque séance de tests utilisateurs, une restitution de l'étude est organisée dans les locaux des commanditaires. Les personnes présentes sont la pluparts du temps les responsables e-commerce, les directeurs marketing, les développeurs, les intégrateurs et les directeurs artistiques. Cette séance de restitution est l'occasion de présenter les défauts d'utilisabilité mis en évidence par les utilisateurs en les illustrant par des extraits vidéo des séances de test. Ce mode de fonctionnement permet de mettre l'ensemble des personnes présentes sur la même longueur d'onde et d'inciter à l'échange pour la résolution des problèmes détectés. Nous donnons nos recommandations après chaque défaut présenté. Les recommandations sont soumises aux équipes techniques et créatrices qui valident leur faisabilité et définissent le temps de correction nécessaire pour corriger le défaut d'utilisabilité.

IV - Efficacité des interfaces

Une utilisabilité optimale de l'interface assure aux utilisateurs une recherche d'information rapide et efficace ainsi qu'une simplicité d'utilisation leur permettant d'accomplir les objectifs qui leur étaient initialement prévus. Bien que nécessaire, elle n'apparaît pas suffisante pour assurer un succès commercial. Comment l'interface peut inciter un utilisateur à effectuer une action ? Comment le rassurer quant à la possibilité d'effectuer cette action ?

Beaucoup de questions demeurent en suspens dans le contexte du marketing au sujet de l'efficacité des efforts commerciaux réalisés sur les sites Internet (Moss, Gunn et Heller, 2006). Les retours d'expérience sur des blogs de personnes reconnues expertes dans le domaine de l'e-merchandising[19], les études de la FEVAD (fédération e-commerce et vente à distance), et les études d'agences spécialisés dans l'optimisation des sites e-commerce constituent l'essentiel de la littérature sur le sujet.

Sur un site e-commerce, l'utilisateur de l'interface parcourt des pages web qui mettent en jeu un dispositif pour attirer son attention à l'aide de différents stimuli tels que la couleur, la musique, le texte, les animations, les photographies, les textures, les graphismes, les publicités, les agents virtuels, etc. Ces stimuli qui composent l'atmosphère des sites e-commerce, semblent agir à trois niveaux d'efficacité sur l'utilisateur. Les

---

[19] L'e-merchandising a pour but de « maximiser les ventes ou la rentabilité en répondant au mieux aux attentes du client et en jouant sur l'optimisation de la présentation des produits ou services proposés, mais également au niveau de la gestion du caddie et de la commande de l'utilisateur ». ABC Netmarketing (2003)

trois niveaux en question comprennent le niveau cognitif, permettant au consommateur de prendre connaissance de l'existence d'un produit ou d'un service, le niveau affectif, susceptible de lui donner l'envie ou non d'essayer le produit ou le service, et le niveau conatif, destiné à faciliter son passage à l'action (Pelet, 2008). Un degré d'utilisabilité positif permet de satisfaire le niveau cognitif en lui permettant d'accéder aux informations nécessaire à son objectif d'usage. Le niveau affectif, d'après mes observations lors d'activité de veille sur les interfaces e-commerce, me semble lié à l'offre de produit ou de service, à l'image de la marque ainsi qu'à l'expérience de navigation sur l'interface (se référer à la partie IV.2 - Expérience de navigation). Enfin le niveau conatif, d'après mes observations lors des prestations de Wexperience, serait tributaire de la capacité de l'interface à instaurer la confiance avec les visiteurs et à user d'éléments persuasifs (se référer à la partie IV.1 - Rassurance et persuasion). Sur quels éléments de l'interface peuvent agir les gestionnaires de sites e-commerce pour augmenter le taux de transformation, la valeur moyenne des commandes et la fréquence des achats ?

IV.1 - Rassurance et persuasion

Ladwein (2000) dans la volonté d'avoir une approche globale du comportement d'achat sur Internet met en évidence l'existence de coûts qui entrent en compte lors de la navigation sur un site e-commerce. Ces coûts sont diversifiés. Bien qu'il existe un coût financier, l'auteur nous indique que les coûts les plus importants à considérer sont les coûts psychologiques, à savoir les coûts cognitifs et les coûts de risque assumés par l'utilisateur. Les coûts cognitifs semblent liés à l'utilisabilité de l'interface et à la clarté de l'offre du site e-commerce. Quant aux coûts de risque, ils constituent des freins d'achat que l'on peut classer en deux catégories : les peurs et les inhibitions (Joannis, 1995). Les peurs traduisent une inquiétude réelle ou imaginaire concernant l'achat ou l'utilisation du produit tandis que les inhibitions traduisent un manque de confiance de l'acheteur en son jugement ou un sentiment de culpabilité (la motivation d'achat est ici dévalorisée, réfrénée). L'interface e-commerce doit donc lever les peurs et inhibitions des utilisateurs pour améliorer son efficacité.

La rassurance

Galan et Sabadie (2001) définissent l'« assurance » comme la capacité du prestataire à donner confiance aux clients. La confiance des clients dépend de plusieurs éléments : la sécurité des paiements, la confidentialité des données personnelles et la crédibilité de l'information. Au sein de Wexperience nous utilisons le terme de « rassurance »[20] pour

---

[20] La rassurance est la « qualité de ce qui est propre à rassurer, à rendre la confiance ». *Source : dictionnaire de la langue française « Littré »*

désigner les éléments de l'interface permettant d'établir la confiance entre l'interface et ses utilisateurs. La notification d'un paiement sécurisé, les moyens de paiement disponibles, l'engagement de confidentialité des données personnelles, et les informations relatives à la livraison et aux retours sont généralement situés en pied de page sous la forme d'un lien hypertexte ou plus fréquemment sous une forme iconique cliquable. Ces éléments renvoient généralement vers une page d'information détaillant les informations destinées à instaurer la confiance entre l'interface et ses utilisateurs.

Figure 11 : éléments de rassurance (moyens de paiement disponibles, organismes certifiant la sécurité des transactions, informations sur les retours, confidentialités des données personnelles) sur le site shoplet.com

Sécurisation des paiements et confidentialité des données personnelles

« La confidentialité des données personnelles et la sécurisation des paiements sont des éléments très important dans le jugement de l'expérience de service » (Galan et Sabadie, 2001). Une étude du CREDOC met en évidence la primeur du paiement sécurisé dans les attentes des internautes (Lehuédé, 2006). En effet l'étude indique que « 95 % des cyber-consommateurs ont acheté sur un site car celui-ci assurait un paiement sécurisé ». Cet aspect constitue la base de la relation marchande (Lehuédé, 2006) et l'information se doit par conséquent d'être visible et mise en avant sur une interface e-commerce.

Par ailleurs, nous observons une préoccupation croissante sur le respect de la vie privée lors des séances de tests utilisateurs au sein de Wexperience. Lors des tâches nécessitant une création de compte sur un site e-commerce, la question de la conservation des données et de leur utilisation est récurrente. Néanmoins, il est rare qu'un testeur utilise de fausses informations lors de la séance de tests utilisateurs lorsque le facilitateur leur soumet cette proposition. Cette demande concernant la confidentialité des données personnelles et leur utilisation n'apparaît donc pas comme un obstacle à la navigation mais les utilisateurs y seraient sensibles. Hoffman et Novak (1999) remarquent que les utilisateurs qui refusent de fournir des informations personnelles seraient prêts à le faire si le site expliquait comment ces données sont employées. Exposer une politique claire de confidentialité des données des utilisateurs sur un site e-commerce peut alors permettre d'instaurer un climat de confiance positif sur le long terme pour la marque et le site.

Avis des consommateurs

Galan et Sabadie (2001) indiquent que la crédibilité de l'information présente sur le site peut être renforcée par la dimension sociale de l'expérience client. Sur les sites e-commerce cette dimension sociale prend l'apparence des avis clients présents sur les fiches produit. Les avis client permettent aux internautes visiteurs de prendre connaissance d'informations données par des personnes ayant déjà vécu l'expérience d'achat et permet de les confronter avec les informations que fournit le e-commerçant. Une récente étude de la société Olimeo (Castan, 2011) sur les avis consommateurs sur le web met en évidence que les avis consommateurs sont des éléments essentiels dans l'acte d'achat. L'étude rapporte que 90% des internautes lisent les avis en 2010 et sont 86% à leur faire confiance contre 68% en 2009. Selon Olivier Sauvage, les gestionnaires de sites e-commerce prennent peu à peu conscience de l'importance de ne pas supprimer les avis défavorables qui renforcent l'effet d'authenticité des avis clients. Cette pratique, ainsi que celle d'écrire ses propres avis clients, s'avèrent souvent plus défavorables que bénéfiques. Le doute sur l'authenticité des avis peut constituer une peur[21] et compromettre l'acte d'achat. L'étude indique également que 93% des internautes jugent les avis utiles et 53% les utilisent pour se décider entre deux ou trois produits. Néanmoins il n'est pas simple pour les gestionnaires de sites e-commerce de récolter des avis client. La récupération des avis client nécessite d'établir une véritable stratégie de communication. Par exemple le site e-commerce Shoplet.com propose en échange d'un avis client de participer automatiquement à un tirage au sort pour gagner cent dollars. Cette politique de récupération d'avis client est d'autant plus importante qu'un client insatisfait aura plus tendance à laisser un avis qu'un client satisfait. Selon la même étude, un acheteur mécontent le dit à onze personnes tandis qu'un acheteur satisfait le dit à trois personnes.

---

[21] Ici ce terme fait référence aux travaux de Joannis (1995) où une peur traduit une inquiétude réelle ou imaginaire concernant l'achat ou l'utilisation du produit.

Eléments d'interface persuasifs

La façon dont sont présentés les éléments d'un site e-commerce affecte leur pouvoir de persuasion, ce qui place les concepteurs d'interface aux commandes du processus de persuasion (Winn, Wendy, Beck, Kati, 2002). Revenons sur les principaux éléments d'une interface e-commerce qui peuvent influencer l'acte d'achat.

De nombreux retours d'expérience d'e-commerçants indiquent (Cavazza, 2010) que la qualité des visuels utilisés pour la présentation de l'offre produit est directement liée au taux de transformation. Contrairement à un espace physique, le visiteur ne peut pas toucher un produit. Le seul moyen pour l'utilisateur d'une interface e-commerce de se rassurer quant à la qualité et l'apparence d'un produit est de se référer aux visuels que l'interface propose. Ces visuels doivent donc permettre d'examiner en détail un produit pour accompagner et conforter l'utilisateur dans son acte d'achat. Le site marchand de la marque Darty a expérimenté une fonctionnalité de super zoom sur ses fiches produits en 2010. L'utilisateur pouvait ainsi examiner dans les moindres détails les articles de la plateforme e-commerce. Il en a résulté une augmentation de 25% du taux de transformation sur les quinze familles de produits exploitant la fonctionnalité de super zoom (Cavazza, 2010). Par ailleurs, le mode de prise de vue des articles peut également influencer le taux de transformation. Le site e-commerce de la marque Jules a mis en place un test A/B afin de détermine quel type de visuel transformait le mieux (Figure 12). Résultat : La version à plat magnifiée a apporté une amélioration du taux de transformation de 42 % par rapport à la version originale. La version portée a apporté une amélioration quasi-semblable, mais s'est démarqué sur le montant moyen des commandes. La version portée a augmenté la valeur du panier moyen de plus de 67 %.

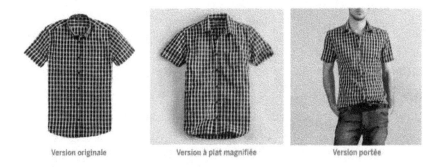

Version originale   Version à plat magnifiée   Version portée

Figure 12 : Test A/B sur pour Jules.fr

Tandis que les visuels produits séduisent le visiteur, des éléments incitent à l'action. Dans le jargon du milieu du e-commerce, on appelle ces éléments des « call to action ». Ces call to action prennent généralement la forme de boutons ou de liens bien visibles qui invitent l'utilisateur à effectuer une action. Ces éléments visuels indiquent à l'utilisateur quelle est l'action principale à effectuer sur la page. Par exemple sur une fiche produit d'un site e-commerce, le *call to action* principal est le bouton d'ajout au panier. Par leur mise en forme ces éléments indiquent que l'interface réagira si l'utilisateur interagit avec eux. Leur repérabilité définit le temps de compréhension de la page par l'utilisateur. Dès son arrivée sur la page, l'utilisateur peut ainsi prendre conscience de l'action à réaliser s'il souhaite continuer son processus de navigation.

Selon les experts du milieu du e-commerce dont Olivier Sauvage fait partie, l'efficacité des *call to action* dépend du contexte de leur utilisation. Le seul moyen connu pour connaître leur efficacité est de procéder à des tests A/B. Les nombreux tests A/B menés sur différents sites e-commerce ont néanmoins mis en évidence les éléments qui peuvent influencer l'efficacité de ces *call to action*. La taille, la couleur et la position du bouton tout d'abord. En effet ces critères définissent son degré de repérabilité dans la page et donc le temps de compréhension de la page par l'utilisateur. La sémantique peut également influencer l'utilisateur à cliquer sur le bouton. Par exemple, le taux de transformation du site Highrisehq.com a augmenté de 200% en changeant les termes « free trial » pour « see plans and pricing » (Carson, 2009). Enfin l'association du bouton avec un icône est aussi un élément à prendre en compte.

Concernant l'augmentation de la valeur du panier moyen, l'élément apparaissant le plus efficace sur une interface e-commerce semble être le *cross-selling*. Il s'agit de la suggestion d'autres produits dont la sélection se base sur des algorithmes. Les algorithmes les plus fréquents sur les interfaces e-commerce mettent en avant les meilleures ventes, les produits les plus vus, les produits que d'autres utilisateurs ont consultés ou commandés, … L'efficacité du *cross-selling* dépend du contexte où il se trouve : leur position dans la page, leur position dans le processus d'achat (sur la page d'accueil ? sur les fiches produits ? dans le panier ?), etc. D'après mes discussions avec Olivier Sauvage et des e-commerçants, le cross-selling le plus efficace semble être le reciblage publicitaire ou « retargeting ». Avec cette pratique la sélection de produit se fait en fonction de l'historique de navigation de l'utilisateur. Par exemple si l'utilisateur a consulté des blogs dont le thème est la photographie, la sélection de produit sera en rapport avec ce thème, ici des appareils photos, des objectifs ou autres. Cette pratique permet également d'inciter l'utilisateur à revenir sur un site e-commerce où il n'a pas finalisé son acte d'achat. En effet, le site e-commerce « marque » un utilisateur grâce à un cookie qui s'activera sur des sites partenaires. Les bannières publicitaires de ces sites partenaires afficheront alors des produits déjà consultés par l'utilisateur sur le site e-commerce l'invitant ainsi à y revenir pour finaliser son achat.

L'intégration d'éléments persuasifs lors de la conception d'interface dans le but de renforcer l'efficacité d'un site e-commerce peut-être perçu comme un acte de manipulation. Or ce mode de conception est l'art de proposer la bonne information au bon endroit. Dans une interview pour le site uie.com (Perfetti, 2003), Andrew Chak[22] déclare : « Persuasive design is not just about influence. It's about understanding the user's decision process and providing the information and tools to help facilitate a decision ». Concevoir une interface efficace nécessite de comprendre les utilisateurs finaux de l'interface et la manière dont ils interagissent avec celle-ci. La conception d'interface e-commerce demande une véritable réflexion sur les parcours utilisateurs, l'organisation structurelle des pages, et l'information présente sur ces dernières. Ainsi l'ergonomie apparaît comme une pratique permettant à la fois d'établir un degré d'utilisabilité positif et d'assurer une bonne efficacité à l'interface marchande.

---

[22] Andrew Chak est l'auteur du livre « Submit Now » portant sur la conception de sites web persuasifs.

IV.2 - *Expérience de navigation*

Les expériences sur l'efficacité des sites Internet de Nantel, Berrada et Bressolles (2004) ont mis en évidence que des sites pouvaient être évalués de manière peu favorable par les utilisateurs tout en offrant un fort taux de succès à la complétion de tâche sur le site. Inversement, des sites peuvent être fortement appréciés des utilisateurs alors que ces derniers ne réussissent pas à remplir leurs objectifs d'usage. Lors de tests utilisateurs pour une marque internationale de parfums, nous avons pu constater également ce phénomène. Bien que les utilisateurs obtenaient un faible taux de réussite à la complétion de tâche sur le site de la marque, les impressions recueillies à la fin du test étaient toutes très positives. Nous pouvons émettre l'hypothèse que l'image de marque pourrait compenser l'utilisabilité d'une interface au niveau de la satisfaction client. D'autres aspects que l'utilisabilité de l'interface entre donc en ligne de compte dans la satisfaction des utilisateurs. Galan et Sabadie (2001) prennent en compte la dimension récréative des interfaces comme déterminant de la satisfaction de l'utilisateur. Cette dimension possède deux sous-dimensions : une sous-dimension esthétique et une sous-dimension ludique.

La sous-dimension esthétique fait écho au concept de « désirabilité » de Morville décrit comme une facette de l'expérience utilisateur : le site doit « donner envie », séduire (Morville, 2004). Il doit offrir un contexte visuel confortable ou attrayant incitant ainsi l'utilisateur à s'y sentir bien, à y rester pour y trouver information et service. Une ambiance graphique soignée peut ainsi constituer une réussite commerciale comme le montre les sites archiduchesse.com (Cassard, 2011) et jimmyfairly.com. Pelet

(2008) nous indique que l'harmonie des couleurs, reposant pour partie sur la notion de contraste, fait figure de clef de voûte au sujet des interfaces. Les couleurs doivent être utilisées de façon judicieuse afin d'améliorer la compréhension des pages web. Ceci en permettant de différencier par des couleurs différentes les contenus des éléments circulatoires, et également en venant renforcer les lois gestaltistes pour signifier le groupement ou distinction des informations. Pelet (2008) nous indique également que les couleurs peuvent influencer la mémorisation et l'intention d'achat des utilisateurs. Ses conclusions montrent que l'interaction de la teinte et de la luminosité, lors de l'utilisation de couleurs chromatiques des couleurs dominantes (fond) et dynamiques (texte), favorise la mémorisation et l'intention d'achat quand le contraste repose sur une situation de luminosité faible.

La sous-dimension ludique est la propension du site à proposer aux utilisateurs des jeux et des moyens de détentes (Galan, Sabadie, 2001). Sur les sites e-commerce, des éléments ludiques peuvent être utilisés pour signifier une action et inciter à finir le processus en cours. Le site archiduchesse.com joue par exemple une petite animation lorsque l'utilisateur ajoute un produit au panier. Du bouton jaillit une étoile qui va jusqu'au panier situé en haut à droite de l'écran et actualise le nombre d'article présent dans le panier. Cette animation agit comme un feedback de l'interface indiquant à l'utilisateur que son action a bien été prise en compte mais invite également à poursuivre le processus en montrant à l'utilisateur où il doit cliquer pour continuer son processus d'achat. De plus cette animation ajoute un côté ludique au site qui influence l'état affectif de l'utilisateur. Selon Pelet (2008) l'état affectif (émotions et humeur) montre qu'une humeur négative entraîne une meilleure mémorisation mais une intention d'achat décroissante, de même que la stimulation agit positivement sur l'intention d'achat. Le fait de procurer une expérience plaisante et inattendue au client est un moyen de le satisfaire (Bitner, Brown et Meuter, 2000).

IV.3 - Mesurer l'efficacité

L'optimisation de l'efficacité des interfaces e-commerce demande de tester directement l'interface en ligne en y faisant varier des éléments pour analyser comment les utilisateurs réels réagissent à ces modifications. Wexperience propose des prestations de tests A/B et multivariés permettant de comparer différentes versions de l'interface et indique laquelle mettre en ligne sans risque de faire baisser le taux de transformation. Les modifications sur l'interface ne sont ainsi pas faites en « aveugle », ce que ne peut pas se permettre un site e-commerce à fort trafic.

Avant de mettre en place un test AB ou multivariés, il faut définir quels éléments doivent être testés et définir des indicateurs de réussites. Pour cela les solutions de web analytics s'avèrent très utiles, voire indispensables.

L'analyse des données métriques d'un site Internet peut permettre de localiser des obstacles à la navigation à l'aide d'indicateurs tels que le taux de sortie, le taux de rebond[23] ou encore le temps de visite. Par

---

[23] Le taux de rebond indique le pourcentage de visiteurs qui sont arrivé sur une page du site et repartis sans en avoir consulté une deuxième (Malo, Warren, 2009).

exemple, si l'analyste constate un taux de sortie anormal au niveau de la page de livraison, les gestionnaires du site e-commerce vont essayer de déceler les défauts de cette page qui semble être un frein conséquent à la commande. En ce sens, l'optimisation de cette page aura des répercussions conséquentes sur le taux de transformation. Dans le cas où l'analyste ne trouve pas le problème de cette page en retraçant le parcours de navigation des internautes, les gestionnaires du site peuvent faire appel à un ergonome (en interne ou en tant que consultant) pour inspecter la page ou mener des séances de tests utilisateurs. Une fois les éléments bloquants détectés, une proposition de correction est avancée. Afin de vérifier l'impact de cette modification et s'assurer que celle-ci sera bénéfique quant à l'efficacité de l'interface, un test A/B est mis en place.

Le test A/B consiste à répartir la totalité ou une partie du trafic d'un site Internet sur différentes versions d'une même page. Le test A/B effectué sur les fiches produits du site Morgandetoi.com (cf. Annexe 1 : test A/B morgandetoi.com) a par exemple été fait sur 40% du trafic pendant six jours. Sur ces 40%, la moitié des visiteurs a utilisé la version originale de la page (on parle de la version de contrôle) tandis que l'autre moitié visitait une version alternative (la version B). A la fin de la période de test, une comparaison est faîte entre ces deux versions. Cette comparaison s'appuie sur des indicateurs préalablement définis. Lors du test de la fiche produit de Morgandetoi.com les indicateurs étaient le taux de clics sur le bouton « ajouter au panier », le taux d'arrivée sur la page identification, le taux d'arrivée sur la page livraison, le taux d'arrivée sur la page paiement ainsi que le nombre et le montant des commandes passées. La version qui améliore significativement ces indicateurs au bout de la période de test est ensuite généralisée à l'ensemble du site. L'objectif est de mesurer l'impact des modifications sur le site marchand en les testant sur une faible part des visiteurs afin de limiter les risques. Procéder à des modifications sur un site e-commerce très visité sans avoir testé l'impact de ces modifications peut avoir des répercussions désastreuses sur l'efficacité de l'interface.

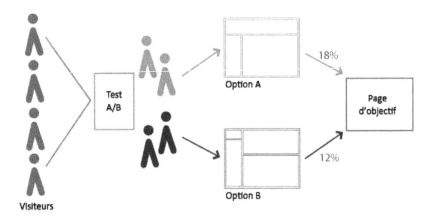

Figure 13 : principe du test A/B

Les tests multivariés sont une extension des tests A/B. Cette méthode demande de définir des variables dans les pages Internet et d'afficher aléatoirement une combinaison de ces variables. Autrement dit, si l'on défini trois variables tels qu'une image, un bouton et une couleur, et que l'on propose quatre versions différentes de ces trois variables, tester toutes les combinaisons possibles revient à créer soixante-quatre pages. Lorsque les variables et leurs versions à tester sont nombreuses, un grand nombre de visites ou une longue période de test sont requis pour que les résultats du test aient une signification statistique. Comme pour les tests A/B, la page définitive sera la combinaison ayant obtenu le plus grand taux de transformation.

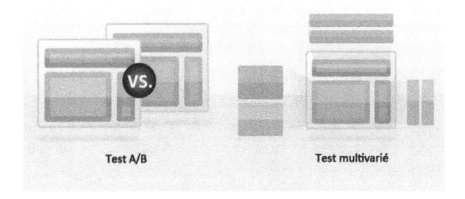

Test A/B   Test multivarié

Figure 14 : dans un test multivarié, la page est divisée en section. Il existe des variations pour chaque section. On teste ici toutes les combinaisons pour déterminer laquelle est la plus efficace.

La période de test se définit en fonction des éléments suivants : le taux de transformation actuel du site à tester, le pourcentage d'amélioration attendu du taux de transformation, le nombre de combinaison, le nombre moyen de visiteurs quotidien, et le pourcentage de visiteurs inclut dans le test.

Il est possible d'associer l'outil de web Analytics avec l'outil de tests A/B ou multivariés afin d'obtenir des données complémentaires et ainsi une analyse fine des résultats des tests. La précision des indicateurs de réussite peut également être affinée. En effet, les solutions de tests A/B permettent de mesurer très facilement le taux de clic sur un élément de l'interface ou le taux de visite d'une page mais il n'est pas possible de connaître par exemple la valeur du panier moyen sur chacune des versions testées ni la fréquence d'achat de ces visiteurs. La solution de test qu'utilise Wexperience est compatible avec Google Analytics, l'outil de web analytics fournit gratuitement par Google et aussi le plus répandu dans le milieu du e-commerce. De cette manière, il est possible de certifier les apports d'une nouvelle version avant de la mettre en place sur l'ensemble du site. Lors d'un test A/B réalisé par Wexperience sur une nouvelle version du tunnel de commande d'une enseigne de prêt à porter, les résultats de la solution de test montraient une nette amélioration du taux de transformation du site e-commerce. Bien que l'outil de web analytics ait corroboré ce résultat, il a permis de mettre en évidence que la valeur moyenne des commandes avait chuté. Sans cette association entre la solution de test A/B et l'outil de web analytics, le site e-commerce aurait mis en ligne ce nouveau tunnel de commande et perdu en rentabilité.

V - Conclusion

Notre problématique posait la question du rôle de l'interface e-commerce vis-à-vis de la rentabilité de l'activité marchande. Deux dimensions de l'interface ont été mises en évidence : son utilisabilité et son efficacité.

L'utilisateur semble être prêt à pardonner un degré d'utilisabilité moindre si l'offre de produit ou de service l'intéresse (Faivre-Duboz, Fétique, 2009). Les défauts d'utilisabilité entraînent des coûts cognitifs qui, s'ils sont estimés trop grands pour l'utilisateur, auront pour résultat un abandon de la navigation. Contrairement à un lieu de vente physique, quitter le lieu de vente sur Internet est très simple, l'utilisateur n'est toujours qu'à un clic de la sortie. Optimiser l'utilisabilité d'une interface e-commerce revient donc à minimiser les efforts d'un utilisateur afin que celui-ci remplisse ses objectifs d'usage.

Toutefois, l'utilisateur assume, en plus de coûts cognitifs, des coûts de risque sur un site e-commerce (Ladwein, 2000). L'interface doit donc inclure des éléments de rassurance tout au long des parcours de navigation pour supprimer les peurs et les inhibitions de l'utilisateur.

Les concepteurs d'interfaces ont ainsi la charge de supprimer ces coûts cognitifs afin d'assurer la transformation des internautes visiteurs en internautes remplissant les objectifs de l'interface (que ce soit par exemple un acte d'achat, une inscription à la newsletter ou la récupération de l'adresse d'un lieu physique de vente de la marque). Ils leur reviennent également la charge d'organiser les éléments de l'interface de façon à ce que celle-ci soit efficace (Winn, Wendy, Beck,

Kati, 2002). Pour ce faire, ils doivent d'abord comprendre les utilisateurs finaux de l'interface et la manière dont ils interagissent avec celle-ci. Cependant les personnes impliquées dans la conception d'interfaces développent des raisonnements et des habitudes de navigation qui généralement les éloignent du comportement des utilisateurs finaux de l'interface e-commerce. Il devient alors primordial d'inclure les utilisateurs dans la boucle de conception d'interface afin que celle-ci soit à la fois utilisable et persuasive.

L'utilisateur peut intervenir à différents niveaux dans la conception de l'interface. Dans les réflexions autour de l'architecture informationnelle tout d'abord avec la méthode du tri de carte. Dans la détection de défauts d'utilisabilité ensuite avec la pratique des tests utilisateurs. Enfin dans la vérification des modifications apportées à une interface par l'intermédiaire des tests A/B et multivariés.

Inclure les utilisateurs à ces différents niveaux revient à s'inscrire dans une démarche ergonomique afin d'optimiser le bien-être des personnes dans une logique de performance commerciale. Entendons ici l'amélioration de l'expérience utilisateur pour l'internaute, et du côté des gestionnaires des sites e-commerce l'augmentation du taux de transformation et du chiffre d'affaire.

Après ces quinze mois à découvrir le monde du e-commerce, je prends conscience que les enjeux commerciaux sont un moteur pour le développement du web. Pour améliorer la repérabilité externe (Morville, 2004), les gestionnaires de sites e-commerce optimisent les contenus et le code des pages web. Ils s'intéressent alors à la manière de raisonner de leurs prospect, à la sémantique, et aux problématiques d'accessibilité qui ont un impact sur le référencement de leur offre. Pour optimiser le rendement commercial de l'interface, ces gestionnaires doivent prendre en compte les utilisateurs finaux afin que ceux-ci remplissent leurs objectifs d'usage. Ainsi sous l'impulsion de l'organisme de standardisation, le W3C, et du géant de la recherche, Google, l'utilisateur est mis au centre de la conception d'interface. Les gestionnaires de sites e-commerce n'ont pas d'autres choix que de suivre cette orientation s'ils veulent conserver leur visibilité dans les résultats de recherche et leurs visiteurs une fois sur l'interface. En ce sens la logique commerciale sert l'utilisateur.

Néanmoins des procédés e-merchandising intrusifs persistent sur les interfaces en raison de leur efficacité commerciale. Il s'agit de bulles d'information non désirées, de services rajoutés automatiquement (assurances, garanties) dans le panier d'achat, de collecte d'information de navigation pour sélectionner les produits les plus susceptibles d'être acheté par le visiteur, etc. Ces procédés ont pour objectif d'augmenter le taux de transformation et la valeur moyenne des commandes. Ainsi l'utilisateur n'a pas le contrôle explicite de l'interface marchande qui use d'éléments persuasifs afin de l'amener à remplir un objectif décidé par les gestionnaires du site e-commerce. De part ma jeune expérience et ma veille sur les interfaces e-commerce, il apparaît que la réussite commerciale sur le web dépend d'un savant mélange entre ergonomie et e-merchandising. Toutefois, les équipes responsables de sites e-commerce sont plus souvent composées de personnes du marketing que d'ergonomes. Reste donc à la charge des sociétés comme Wexperience d'effectuer l'arbitrage entre ergonomie et e-merchandising en s'assurant qu'une interface peut être performante tout en proposant une bonne expérience de navigation à ses utilisateurs finaux.

Bibliographie

Barcenilla J., & Bastien J. M. C. (2009), L'acceptabilité des nouvelles technologies : quelles relations avec l'ergonomie, l'utilisabilité et l'expérience utilisateur ?, Le travail humain Vol. 72, p.311-331

Bastien, J.M.C. & Scapin, D.L. (1993), Critères Ergonomiques pour l'Évaluation d'Interfaces Utilisateurs, Rapport technique Ndeg.156, INRIA. "Programme 3 Artificial intelligence, cognitive systems, and man-machine interaction."

Bitner M. J., Brown S. B., Meuter M. L. (2000), Technology Infusion in service encounters, Journal of Academy of Marketing Science, 28, 1, 138-149.

Boucher A. (2007), Ergonomie Web, Eyrolles, 426 p.

Brown D. (2006), Communicating design: developing web site documentation for design and planning, New Riders Press, 368p.

Burkhardt J-M. (2003), Réalité virtuelle et ergonomie : quelques apports réciproques, Le travail humain, Vol.66, p.65-91

Faivre-Duboz T., Fétique R. (2009), Web conversion, Dunod, 215p.

Galan J., Sabadie W. (2001), Les déterminants de la satisfaction de l'internaute : une étude exploratoire, 17ème congrès international de l'Association Française de Marketing, Deauville

Gibson J.J. (1979), The ecological approach to visual perception, Boston: Houghton Millin.

Hoffman D.L., Novak T.P. (1999), Building Consumer Trust Online, Communications of the association for Computing Machinery, 42, 4, p. 80-85

Hoque A.Y., Lohse G.L. (1999), An information search cost perspective for designing interface for electronic commerce, Journal of Marketing Research, 36, August, 387-394

Joannis H. (1995), De la stratégie marketing à la création publicitaire, Dunod, 432p.

Joseph Pine II B., Gilmore J. (1998) Welcome to the Experience. Harvard Business Review. Reprint 98407

Koffka K. (1935), Principles of Gestalt Psychology, Lund Humphries: London

Krug S. (2000), Don't Make Me Think: A Common Sense Approach to Web Usability, New Riders Press, 216 p.

Krug S. (2010), Rocket Surgery Made Easy: The Do-It-Yourself Guide to Finding and Fixing Usability Problems, New Riders Press, 168 p.

Ladwein R. (2000), Ergonomie des sites web et accessibilité de l'offre : quelques problèmes et enjeux pour le e-commerce, Décisions Marketing, n°21, 57-71.

Ladwein R. (2001), L'impact de la conception des sites de e-commerce sur le confort d'utilisation : une proposition de modèle, 17ème Congrès de l'AFM, Deauville, 22-23 mai.

Leger L., Tijus C., Baccino T. (2005), La discrimination visuelle et sémantique : pour la conception ergonomique du contenu de sites web, Revue d'Interaction Homme-Machine, Vol 6 N°1.

Lehuédé F. (2006), Internet donne plus de pouvoir aux consommateurs, Consommation & Modes de Vie, ISSN 0295-9976, n°197

Malo N., Warren J. (2009), Web analytics, Editions d'Organisation, 254p.

Morville P. (2005), Ambient Findability: What We Find Changes Who We Become, O'Reilly Media, Sebastopol

Morville P., Rosenfeld L. (2006), Information architecture for the world wide web : designing large scale web sites, O'Reilly Media, 528p.

Moss G., Gunn R. et Heller J. (2006), Some men like it black, some women like it pink : consumer implications of differences in male and female website design, Journal of Consumer Behaviour, 5, 4, 328-342.

Nantel J. (2004), L'efficacité des sites Web : quand les consommateurs s'en mêlent, Cahier de recherche N° 04-12, HEC Montréal, ISSN 1714-6194

Nielsen J. (1993), Usability engineering, San Francisco: Morgan Kaufmann Publishers, 362p.

Ojanpää H., Näsänen R., Kojo I. (2002), Eye movements in the visual search of word lists, Vision Research, 42, 1499-1512

Pelet J. (2008), Effets de la couleur des sites web marchands sur la mémorisation et sur l'intention d'achat de l'internaute, Thèse de doctorat d'Université, Nantes : Université de Nantes, 458p.

Rosenfeld L. (2007), Architecture de l'information pour le Web, O'Reilly/Digit Books, Brest

Rubin, J. (1994), Handbook of Usability Testing, New York: John Wiley.

Spérandio J.C., Bouju F. (1983), L'exploration visuelle de données numériques présentées sur écran cathodique, Le Travail Humain, 46, 49-63

Travis D. (2007), E-commerce usability, CRC Press, 128p.

Winn, Wendy, Beck, Kati (2002), The Persuasive Power of Design Elements on an E-Commerce Web Site, Society for Technical Communication, Technical Communication, Volume 49, Number 1, February 2002 , p. 17-35(19)

Wodtke C. (2003), Information architecture: blueprint for the web, Pearson Education, New Riders, 368p.

Webographie

ABC Netmarketing (2003), Qu'est-ce que le e-merchandising ?, Sur le site ABC Netmarketing, Consulté le 6 août 2011.
http://www.abc-netmarketing.com/Qu-est-ce-que-le-e-merchandising.html

Carpentier M. (2005), La conception de l'expérience utilisateur (Par Peter Morville), Sur le site Les Bonnes Fréquentations, Consulté le 13 juillet 2011.

http://www.lesbonnesfrequentations.com/2005/11/24/la-conception-de-lexperience-utilisateur-par-peter-morville/

Carson R. (2009), How to Increase Sign-ups by 200%, Sur le site Think Vitamin, Consulté le 25 août 2011.
http://thinkvitamin.com/web-apps/how-to-increase-sign-ups-by-200-percent/

Cassard P. (2011), Bilan du mois de juin 2011, Sur le site Archiduchesse, Consulté le 10 août 2011.
http://www.archiduchesse.com/blog/2011/13038/bilan-du-mois-de-juin-2011/

Castan J. (2011), Infographie : l'avis des consommateurs sur le web, Sur le site Capitaine Commerce, Consulté le 25 août 2011.
http://www.capitaine-commerce.com/2011/08/25/29452-infographie-lavis-des-consommateurs-sur-le-web/

Cavazza F. (2010), +25% de taux de conversion chez Darty grâce aux zooms XXL, Sur le site Rich Commerce, Consulté le 21 août 2011.
http://www.richcommerce.fr/2010/02/15/25-de-taux-de-conversion-chez-darty-grace-aux-zooms-xxl/

Demontiers L. (2010), Et si graphistes et intégrateurs travaillaient enfin ensembles ?, Sur le site Demontiers, Consulté le 18 juin 2011.
http://demontiers.com/2010/04/et-si-graphistes-et-integrateurs-travaillaient-enfin-ensembles/

Drouillat B. (2011), Architecture de l'information : livrables, méthodologies, apports, Sur le site Designers Interactifs, Consulté le 4 août 2011. http://magazine.designersinteractifs.org/actualite/architecture-de-linformation-livrables-methodologies-apports

Fagot D. (2010), Zoning, wireframe, maquettage, prototype ... : les meilleures pratiques, Sur le site Clever Age, Consulté le 20 août 2011.
http://www.clever-age.com/veille/blog/maquettage-et-prototypage-le-tour-des-notions-et-des-outils.html

Knemeyer D., Svoboda E. (2007), User Experience - UX. Sur le site Interaction Design, Consulté le 16 juillet 2011.
http://www.interaction-design.org/encyclopedia/user_experience_or_ux.html

Le Tac L. (2009), Interview de Laure Sauvage, Sur le site Journal du Net, Consulté le 3 août 2011.
http://www.journaldunet.com/solutions/emploi/dossier/0505ergo/0505ergo_sauvage.shtml

Morville P. (2004), User Experience Design, Sur le site Semantic Studios, Consulté le 13 juillet 2011.
http://www.semanticstudios.com/publications/semantics/000029.php

Nielsen J. (2004), The Need For Web Design Standards, Sur le site Use It, Consulté le 12 juin 2011.
http://www.useit.com/alertbox/20040913.html

Nielsen J. (2005), Ten Usability Heuristics, Sur le site Use It, Consulté le 19 juillet 2011.
http://www.useit.com/papers/heuristic/heuristic_list.html

Perfetti C. (2003), Guiding Users with Persuasive Design: An Interview with Andrew Chak, Sur le site UIE, Consulté le 12 août 2011.
http://www.uie.com/articles/chak_interview/

Testapic, Optimisation des Taux de Conversion (CRO), Sur le site Testapic, Consulté le 23 juillet 2011.
http://www.testapic.com/testamag/optimisatio-des-taux-de-conversion

Yharrassarry R. (2010), Ergonomie et économie d'expérience ?, Sur le site Iergo, Consulté le 23 juillet 2011.
http://blocnotes.iergo.fr/articles/ergonomie-economie-dexperience/

Annexes

Annexe 1 : test A/B morgandetoi.com

Annexe 2 : extrait inspection ergonomique Amatai.fr

Annexe 3 : extrait du document de restitution suite à une séance de tests utilisateurs pour Becquet.fr

Annexe 4 : extrait d'une restitution d'audit ergonomique pour Jimmyfairly.com

Annexe 5 : Extrait d'une grille de relevé de défauts d'utilisabilité après une séance de tests utilisateurs

Annexe 6 : capture d'écran d'un extrait vidéo d'un test utilisateur avec eye-tracking

Annexe 7 : wireframe pour la refonte de morgandetoi.com

Annexe 8 : wireframe pour la refonte d'eveiletjeux.com

Annexe 1 : test A/B morgandetoi.com

Fiche produit active sur le site

Version B :

Annexe 2 : extrait inspection ergonomique Amatai.fr

Popup disponibilité

Titre incohérent

La popup, au premier clic, affiche des vignettes couleurs, tandis que l'utilisateur s'attend ici à trouver des informations sur le stock disponible (D'où le titre trompeur : disponibilité)

Fonction cachée

L'affordance des vignettes colorées ne laisse pas supposer suffisamment qu'elles soient cliquables. D'autre part, il est probable que l'utilisateur pense qu'elles servent uniquement à changer la couleur du visuel principal, car rien n'indique qu'elles permettent, en réalité, d'afficher la disponibilité du produit par coloris et par taille|

Codification couleur non évidente

Sans passer sa souris sur les tailles disponibles, il est impossible de comprendre la codification couleur des tailles affichées.

Notre recommandation

Nous ne saurons que vous recommander d'utiliser un système équivalent à celui d'Happysize

Annexe 3 : extrait du document de restitution suite à une séance de tests utilisateurs pour Becquet.fr

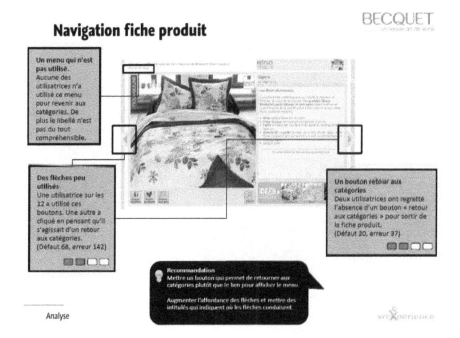

Annexe 4 : extrait d'une restitution d'audit ergonomique pour Jimmyfairly.com

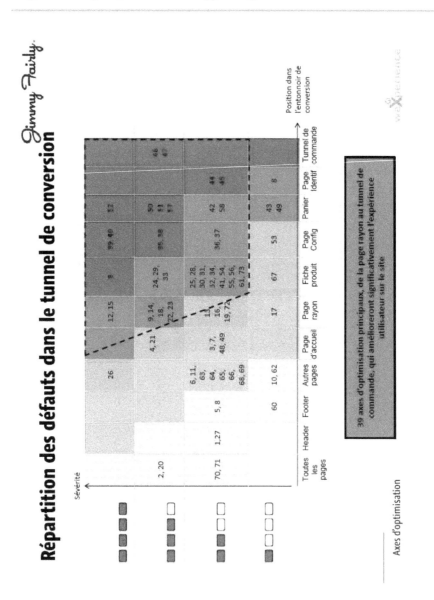

Annexe 5 : *Extrait d'une grille de relevé de défauts d'utilisabilité après une séance de tests utilisateurs*

Annexe 6 : capture d'écran d'un extrait vidéo d'un test utilisateur avec eye-tracking

Annexe 7 : wireframe pour la refonte de morgandetoi.com

Page d'accueil

La page d'accueil, en plus des éléments du menu, propose six autres entrées de navigation à travers l'architecture produit.

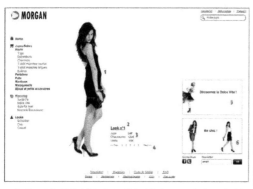

1. Un look est présenté directement en page d'accueil. Le visuel prend toute la hauteur de la page et sa taille s'adapte à la résolution de la fenêtre. Note : à partir d'une résolution de 1400px de large, le visuel cesse de s'agrandir. Le visuel est cliquable et renvoie vers la page de détail du look.

2. Le nom du look (ici « Look n°1 ») est également cliquable et renvoie sur la même page que le visuel.

3. La liste des produits composant le look est composé de l'intitulé du produit et du prix. Chaque élément de la liste est cliquable et renvoie vers la fiche produit correspondante.

4. Une pagination permet de découvrir les looks suivants (de la dernière collection en date). Sur les pages suivantes, seuls le visuel et les informations concernant le look changent.

5. Un visuel invite à découvrir l'un des thèmes de la partie « Magazine ». Se référer à la partie sur l'espace magazine pour plus d'information.

6. Un autre visuel invite à découvrir une sélection de looks correspondant à un style vestimentaire.

Annexe 8 : wireframe pour la refonte d'eveiletjeux.com

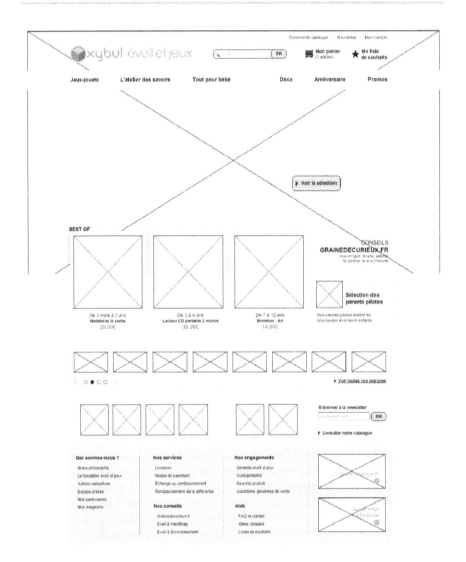

www.ingramcontent.com/pod-product-compliance
Lightning Source LLC
LaVergne TN
LVHW042344060326
832902LV00006B/382